장르가 다른 핑크
이예진 시집

문학동네시인선 236 이예진
장르가 다른 핑크

시인의 말

여기는 학교야
지하실엔 귀신이 살지
교장 선생님은 대머리
문제를 푸는 대신
만드는 것이 익숙한 아이들

예언자의 문장을 찾고 싶었다 미래를 예견해주세요 우리는 앞으로 어떻게 되나요
 세계에 방송을 틀고 기다리다보면
점심시간이 금세 끝나버린다

시를 짓던 아이들은 각자 무엇을 찾아냈을까?
꾸준히 불투명한 곳에서

2025년 초여름
이예진

차례

시인의 말   005

1부 살던 집에 불을 붙이는 건 어떤 마음일까

우리 모두가 같은 날 같은 곳에서 귀를 뚫었다   012
장마   014
빙상   016
테러범   018
지진 파티   020
레크리에이션   023
목제   024
방학   026
낭만을 먹고 자란 돼지는   028
놀이터   030
부력   031
■   032
다정과 과정   033

2부 주인공은 꼭 세계를 구해야 하는 걸까

그땐 프렌치블랙을 피웠다 같은 담배를 피우는　038
사람들을 프렌치블랙 난민들이라 불렀다
기초 명암　041
그럼에도 거리의 나무들은 적당히 자란다　042
피자 커터　044
수건이 쌓여 무덤을 만들었어　048
사방치기　051
닌자는 스키장에서도 기척을 숨길 수 있을까　054
어쩌면 대박 날지도 모르는　056
산행　058
존재의 성립　062
장르가 다른 핑크　064

3부 우리는 기울어진 시소에서 내려올 수 없겠다

오랜 미래	068
사랑의 시대	070
자유로운 영혼과 리듬	073
피아노	076
불협화음	078
영화부	080
신년	082
크리스마스	084
스노볼	085
세한빌라	088
전당포	090
산책로	093
러브 앤 에너지	094
사랑이 누리고 간 자리	099

4부 칼을 숨긴 사람들은 왜 울면서 웃고 있었는지

나의 마을이 설원이 되는 동안	102
우는 돌	104
구정	106
밤새	108
빛이 좋아서 어둠을 반으로 그었다	110
흰토끼 검은 똥	111
그 시절 몰래 스도쿠를 풀다 혼났고	112
미세	115
스릴러	116
나는 호랑이띠라서	118
밥집	120
이 소저는 큰 힘이 여기시 나온다고 믿었디	121

해설 | '구멍이 빼곡한 시'에 대한 한 개의 주석　125
　　 | 김미정(문학평론가)

1부
살던 집에 불을 붙이는 건 어떤 마음일까

우리 모두가 같은 날 같은 곳에서 귀를 뚫었다

 방과후 실험관찰 친구들은 금붕어를 액체질소에 담가본 적이 있다 드라이아이스를 삼키면 서로를 오래도록 기억할 거라는 말을 하며 웃었다 수업을 째고 눈사람을 만들러 간 선배 둘이

 눈이 되어 돌아왔대

 전자레인지의 문을 열고
 이 안에 사람이 들어갈 수 있을까
 머리를 들이밀었다

 얼었던 것을 녹이기 위해 빛은 회전할 것이다
 우리가 믿었던 선생으로부터
 사랑과 우정을 이런 식으로 배울 줄은 몰랐지

 눈이 되었다는 걔네가
 어쩌다 전학을 갔는지 묻지 마

 어느 날 선생은 우리 모두에게 눈을 감으라고 시켰다 누구든 거수해서 사실대로 말하면 우리는 무사히 집에 돌아갈 거라고

 실눈뜬 거 다 보인다고

우리는 질끈 감았지만

그래도 다 보인다
전자레인지 내부를 환하게 밝히는 빛처럼
이 교실 안에도 환하게 빛나는

불온하게 꿈틀대는
암묵적인 것들

창문 밖으로
작게 쪼개진 선배들이
반짝이며 흩날리고

장마

선생님이 물에 떠내려가서
이번주부터는 개구리가 대신 가르치기로 했어요

마을이 물에 잠기고 우리는 학교에 갇혔지 개구리는 점프를 잘해서 선생님이 될 수 있었구나 밖에서 번개가 내리치고 선더 라이트닝 바글바글 울다보면 심장이 튀어오른다

분필은 똑똑 노크하듯이
눈물은 뚝뚝
의성어가 없으면 운동장을 잃은 우리가 얼마나 슬픈지 표현하기 어려워서

물에 잠긴 다리가 언제 돌아올지 모른다

튼 입술에 침을 바르며 선생님처럼 되고 싶어요 홀딱 젖은 옷을 입고도 폴짝폴짝 뛰어다니다 감기에 걸렸고

복도를 따라 떠내려온 신발이
누구의 것이었는지
계속 폴짝이면 미래에서 온 기억을 알아볼 수도 있겠지

선생님 점프를 잘해도
착지는 못해서

개구리는 사람 손에도 화상을 입는다

빙상

언니, 여기서 죽은 꽃의 냄새가 나

자매는 눈 내리는 창문 앞에 서 있다

무거워진 지붕
하나둘씩 가라앉았다
나는 동생의 눈에서 사라진 해의 모습을 봤지

우리는 조금도 닮지 않았고

붕대를 벗기면
썩은 치즈 냄새가 났다
칼이 무뎌서 들지 않아

금간 컵에 우유를 따라주며

오래전에 묻어둔 사냥개가 돌아왔어
차라리 창문 밖으로 뛰어내리자

구걸을 하러 천국에 갔어
그곳에서 네 이름이 적힌 종이를 봤어

천사들이 나를 뜯어먹었어

사이좋게

저녁에는 젖은 식빵을 먹었다

테러범

캔 콜라를 흔들어봐
언제든 폭탄을 던질 수 있다

몸속에 설탕이 돈다 트럭이 눈길을 달린다 이중에 면허를 가진 사람은 아무도 없지
훔친 적도 없고
죽인 적도 없다

망가진 적은 많은데

구멍난 몸에 무슨 옷을 입어야 할지 모르겠어 검은 옷만 입는 네가 까만 마음을 가졌다고 할 수 있을까 나는 여러 겹의 옷을 껴입었다
심장에 적어둔 말을 보여주기 싫어서
지퍼를 목 끝까지 올렸는데

몸에 난 구멍으로 찬바람이 들어온다
후진을 할 줄 몰라서
손으로 밀었다

몸에는 설탕이 얼마나 녹아 있을까
구멍을 막아도 춥다 나무 뒤에서 오줌을 눴지 헤드라이트 불빛으로 작은 벌레들이 모여든다

우리는 그만큼 작지 않아서
그림자를 만들 수 있다

밀면 밀리는 것 같아 뒤로 걸어가도 풍경은 앞으로 펼쳐진다 오줌을 눈 자리가 녹아 있다 쌓인 눈은 설탕 같지
우리는 무엇이든 쉽게 믿어버리고

라디오에서는 산사태가 마을을 삼켰다고 전해준다
그림자 밑으로 해가 진다

얼마나 작은 마을이었는지 짐작해본다

콜라를 엎지르면
기포가 사라지는 것을 볼 수 있다

지진 파티

지진 났대
땅이 뒤집힌 것을 축하해주러 가자

걱정할수록 수명이 줄어드니까
파티에 온 사람들 모두가 웃고 있었다 활짝

나는 뛰고 싶어
혹은 죽은 척
모르는 척해보고 싶다

태어날 나라를 잘못 고른 거 같아서
꿈에서는 여권 사진을 또 찍으러 갔지

나는 테두리가 없는 퍼즐 조각이야

파티의 조명이 흔들리고
소리와 마음이
함께 떨리고

사람들은 취해서 비틀거렸다
모두가 웃고 있어서
나는 눈물을 꾹꾹 눌러 담아 주먹밥을 만들었다

엄마는 나를 고민한 적이 없겠지
딸들은 원래 플라스틱으로 만드니까

타국의 개들은
지진이 일어나기 전에
컹컹 짖으며
이상행동을 보인다는데

노랫소리는 점점 커져서
화장실 안에서도 또렷하게 들렸다
떨어진 귀는 낙엽이 될 거야
잘못 태어난 딸은 커다란 바구니가 되겠지

걱정을 한아름 안고
춤추는 사람들 틈으로 들어간다

손안에는 커다란 주먹밥

오늘 일어난 땅이
내일은 한 장의 냅킨처럼
가벼운 일이 된다지만

사람들이 발을 구르고 있어

— 땅이 다시 흔들리고 있어

레크리에이션

상표가 없는 통조림 속에 무엇이 들었는지 생각하는 시간을 가졌다 통조림을 흔들면 내용물과 통이 부딪히는 소리가 났다 아마 붉고 매운 것이 담겨 있을 거라고 누군가 말했다 다들 고개를 끄덕였고

나는 안에 든 것이 투명할 거라고 짐작했지만
굳이 말하지 않았다

커튼은 유령을 닮았고
옆 사람은 입을 가리고 웃는다

내 차례가 오면 안개를 따라 할 생각이다

둘러앉은 얼굴들이
얼룩처럼 흐릿했다

나는 안경닦이를 꺼냈다

사람들의 표정을 다시 살폈을 때 이미 누가 말을 하고 있었다

빛이 번지는 걸 따라
눈을 깜빡였다

목제

　　운동화를 뒤집어 모래알을 털어냈다 작고 섬세한 것이 흩날렸다 오랜 기간 가루는 사포질 후
　　나무에서 떨어지는 거라고 생각했다

　　나는 목수의 딸인 것이 싫어
　　입안이 꺼끌꺼끌해지도록 웃었지

　　아버지는 화가 나면 사포질을 한다
　　방문을 열고 들어가면
　　그가 만든 가구들이
　　두 눈을 치켜뜨고 나를 다그쳤다

　　나는 심장이 벌렁대지 않도록
　　가슴에 못을 박았다

　　밖에서 쓸모를 기다리는 나무들이

　　사포질을 그만둬
　　문지르면 소름이 돋는 팔처럼
　　소름을 문질러 지우는 손처럼
　　문지르고 있으면 뭐가 닳았는지 모를 것 같거든

　　살던 집에 불을 붙이는 건 어떤 마음일까

집은 작년에 불타서 없어졌다
뼈가 부러진 가을이었는데

고함을 지르면 사라지는 건 목이야

매일 새집의 도면을 들여다봤지만
내가 살 수 있는 곳은 없었다

구름을 등지고 걸어갈수록
나무에 쇠가 박히는 소음은 점점 커졌다

방학

길에서 말을 건 사람은
학교에서 배우지 않는 것을
바지에서 꺼내 보여주었다
누구에게도 말하면 안 된다고 했다

종종 옥상에 올라가
널어둔 고추들이
누워 있는 것을 지켜보곤 했다

죽어서도 집에 못 가는 언니들이 있었다 키우는 개가 집을 잘 못 지킨다고
아빠는 개를 뒷산으로 데려갔다

그해 여름에 초경을 했지만
누구도 바지에 생긴 얼룩을 말해주지 않았다

나는 축구를 좋아하고
지는 것을 싫어하는 열두 살이었는데
아빠를 따라갔던 개가
우리집 마당에서
내 신발을 물어뜯고 있는데

엄마는 서울에 갔어요

언니들은 그늘도 없는 옥상에서
나를 지켜주겠다고 약속했지

여름이 집 위로 무너져내릴까봐

나는 나의 목소리로 이루어진 집을 또 허물었다

낭만을 먹고 자란 돼지는

  하루는 낭만적인 삶을 유지하기 위해 현실적으로 판단해야 한다고 이야기했다 뭔가를 선택하면 포기해야 하는 것은 오래도록 우리를 괴롭게 했다

  우리는 돈도 벌어야 해
  발전과 발명과 발견의 강박 속에
  미래를 다듬어야 하고

  아기 돼지 삼 형제가 주는 교훈은 뚜렷하다
  나는 주입식 선과 악을 잘 흡수하는 성실한 애였고

  사람들은 나한테 자꾸 착하다고 했다 나는 착한 게 아닌데 그간 배운 걸 곧이곧대로 믿었을 뿐인데

  나한테 착하다고 한 사람은 돈을 돌려주지 않았다 좋은 이야기를 많이 해준 사람은 다단계 안에서 유명하다고 한다 돼지 삼 형제는 집을 짓기 전에 건축 허가나 부동산 토지 계약에 대해 알았을까
  오늘도 전세 사기에 대한 기사가 몇 건 올라왔다

  집값은 계속해서 오르거나 떨어진다 태어나는 아이가 줄어도 아침 지하철에는 발 디딜 틈이 없어서 다음 열차를 기다린 적이 꽤 있다

정말로 돈이 많은 사람은 집값이 떨어졌을 때 오히려 더 많은 매물을 사들인대 일종의 투자라고

토실토실 아기 돼지들 늑대를 피해 도망친 돼지들 중에 어떤 돼지는 조지 오웰의 나폴레옹이나 스노볼이 되었다 앤서니 브라운은 『돼지책』을 썼다 책은 밥 달라고 말하는 아빠와 아들에게 너희들은 돼지야! 쪽지를 쓰고 엄마가 집을 나가는 이야기다 황금돼지띠의 해에 태어난 사촌동생은 진짜로 집안에 돈을 물어다줬을까 이제 친척과 만나지 않아서 알 수 없다

책상에는 저금통이 놓여 있다 카드가 생긴 뒤로 나는 야금야금 뭔가를 꺼낸 적이 없다 대형마드에서 카트를 빌릴 때 동전이 없는 표정으로

가끔은 나에 대한 자학 개그를 했고

큰 소리로 웃다보면
돼지 코 먹는 소리가 날 때도 있다

― **놀이터**

― 아파트 아이들은 얼음땡을 좋아했다 나는 동생이 술래가 되는 것도 깍두기가 되는 것도 싫었다 동생은 얼음이 되기엔 물렀고 땡 하면 죽었다 혜린이는 단숨에 미끄럼틀을 오를 수 있었고 지예는 철봉에 오래 매달려 있는 걸 잘했다 내가 잘하는 것은 시소 위에서 균형 잡기, 동생이 오면 한쪽으로 기울어져야 했다

우리 모두가 아픈 까치를 쿡쿡 찌르던 3학년 오빠를 좋아했지 오빠의 이름도 얼굴도 기억나지 않지만 우리를 빤히 보며 오줌을 누던 경비 아저씨는 한 번도 지워지지 않았다 놀이터 모래 바닥에는 잡히지 않은 손이 잔뜩 파묻혀 있었다 꽁꽁 얼어서 땡을 기다리는 손들, 다 두고 가기엔 눈에 밟혀도 우리는 매번 집으로 돌아가야 했다

―

부력

물에 빠진 공을 주워오라고
소년들은 나를 물속으로 던졌다

바지를 걷으면 개구리가 튀어나온다

그들 사이에 끼고 싶어서 나는 둥글어졌다
튀어오르고 튕겨나가는

언니 나 이제 개헤엄 안 하고도 물에 뜰 수 있어

— ■

— 양말을 신고 있는 바바리맨, 편지 봉투에 넣어둔 면도칼, 취한 사람이 토하는 걸 구경하는 아이들

세 장의 장면을 그린 뒤

꿈에 나올까봐 캔버스를 검게 칠했다

—

다정과 과정

네 말을 믿지 않았다
옷장에서 공룡을 봤다고
음식점에서 먹은 소시지가 사람 손가락인 것 같다고
길고양이인 줄 알았는데 새끼 호랑이였다고

그저 네가 꾼 꿈 이야기라고 생각했다

네 문장을 읽으면 이 캄캄한 세상도 곧 아침이 올 것 같아 내가 너를 본받고 싶던 점 중 하나는 남을 쉽게 미워하지 않는다는 거였다

그때의 나는 사람을 쉽게 미워하곤 했다
미운 것을 생각하며 쓰고 잠을 못 자고
사랑했다

너는 나에게 이렇게 말했지
생각이 너무 많다고
생각이 언제든 맹수가 될 수 있다고
소시지처럼 한입에 먹히는 건 내가 될지도 모른다고

이 도시엔 슬픈 것이 너무 많아 아침에 나간 개천에서 흰 새 큰 새 물새 날개를 가진 것이 부지런히 시를 쪼아먹고 있었다 부리를 가지면 서우해도 티가 안 날까 입술이 댓 발 튀

― 어나와도 금방 마음이 미움을 잊을까

　철새는 먼 거리를 이동한다 계절이 다른 곳으로 가면서 날아와 많은 것을 쪼아먹고 다시 먼길을 떠났다

　새가 지나간 뒤 나는 구멍이 빼곡한 시를 다시 들여다본다

　그 시절 썼던 시는 휴지통에 넣고
　나는 새로 적는다

　너는 공룡이 옷장 밖을 노리고 있다고
　삼킨 소시지가 속을 후벼판다고
　새끼 호랑이가 자꾸 몸집을 키우며
　골목을 돌아다닌다고

　우리는 함께 많은 생각을 떠올려본 적이 있지
　그건 맹수이기도 새 같기도 했다
　부리 같은 희망
　날개를 닮은 여유

　국경을 넘어서기 전 너희 집 근처 개천으로 무엇이 날아들었을까 어떤 새들은 다시 일어나자고 새 해를 물어다주니까

나는 생활 속에서
네가 말한 것들을 자주 떠올린다

미숙했던 시절이
우리를 조롱하도록 두고 싶지 않았다
그때 쓴 것이 있어서
나는 마지막을 이렇게 적는다

당시 멋모르고 쓴 부끄러움을
너의 빛나는 이야기와 애정을

우리의 과정은 다정이었다는 것을

2부
주인공은 꼭 세계를 구해야 하는 걸까

그땐 프렌치블랙을 피웠다 같은 담배를 피우는 사람들을 프렌치블랙 난민들이라 불렀다

옛날에
현금이 많이 없을 때
새벽에 자도
수업을 빠지지 않던 때
담배를 피우는 게 예술가의 멋이라고 생각했을 때
ATM에서는 수수료를 많이 떼갔지

사 인실 룸메이트 언니들이 어려웠다 가끔은 방에 들어가지 않기도 했다 누구의 물건이 없어졌는데
아마 나 같다고
언니들이 쑥덕거렸다

나는 그때 화목 아침에는 빵집에서
주말은 패스트푸드점에서 보냈다

내가 실패한 시를 쓰고
돈을 더 사랑하더라도

많이 울고 난 다음날엔
새벽 다섯시에 일어났다
커피를 무슨 맛으로 먹는지 알게 되었다
도서관에 자주 앉는 자리가 생기고
텀블러 속의 커피를

홀짝홀짝

손님이 부탁한 케이크를 꺼내다 흠집을 냈다
괜찮다고 꼭 그거 달라고 웃으면서 말하던 그분은

컴플레인을 넣었다

제빵기사가 알바생을 과할 정도로 혼냅니다 보기 불편하
네요 울먹이면서 계산하는데 마음이 안 좋습니다

그뒤로 나는 새벽에 일어나지 않아도 되었다

내가 널 사랑해서 네 말을 들어주는 거야

두 달 사귄 애인을 차단했을 땐
그런 문장도 쓸 줄 알게 되었지

그 시절의 나는
고집도 슬픔도 애정도 과했다
거기서만 올 수 있는 문장들이
이젠 너무 낯설게 보여

기말이 끝나고 싱직을 기다렸다

기숙사 짐을 정리해야 하는 어느 겨울
나는 발품을 팔았다

새로운 방은 편히 드나들 수 있기를

나의 스무 살
담뱃재를 잘 못 털어도
꼬박꼬박 피우던

기초 명암

정육면체의 스케치를 끝냈다 빛은 비스듬히 들어오니까 그림자는 이쪽으로 진다

몇 년 사이 도형을 그리는 것에 능숙해졌다
나는 내가 그린 정육면체 속에 살고 있어

선과 선이 닿으면 가둘 수 있는 공간이 생긴다 불투명한 봉지의 칸마다 약이 있고 때가 되면 한 칸의 봉지를 뜯었다

세계의 단면이 빼곡해지면 약이 탈출한다 작은 봉지를 옆으로 찢는다 쉽게 녹지 않게 코팅된 알약이 있는가 하면 어떤 약은 빛을 받으면 상해버리고

문밖으로 나가는 그림자는 길어졌다가 다시 짧아진다 긋고 있던 선을 멈춘다 사람이 있던 자리가 비어서 선을 더 만든다 종이가 울기 시작한다

그럼에도 거리의 나무들은 적당히 자란다

해변은 길고
서로의 등에
선크림을 바르는 연인들
아이들이 물장구치며 웃는다

모래를 쥐고 있으면
영혼이 빠져나가는 것 같지

게들은 소라를 뒤집어쓴다 나는 옆으로 걷기보단 앉아서 파라솔을 지키는 사람 나는 어쩌면 따개비일 수도 있겠다 도시의 낡은 어깨들은 해변에 오면 갈매기를 따라 할 수 있나 새우깡은 아무리 먹어도 질리지 않고 해변에 밀려온 쓰레기는 술에 취한 것 같았다 자꾸 화를 냈다 너는 여기서 무엇을 버렸냐고, 네가 버린 것들이 언젠가 업보로 돌아오게 될 거라고

손잡이도 장작도 따개비도 아닌 게
재수없게

비치볼과 해는 많이 닮았다
정말로 바닷속에 버리고 싶었던 건

손안에 든 조개껍데기

잘그락잘그락
내가 이대로 괜찮은지 궁금했지만

내일은 돌아가야 한다고

피자 커터

피자를 먹는다
나는 피자를 만드는 일을 했었다
각각의 조각엔
동일한 양의 토핑이 들어가야 한다

내가
사실
오븐 속에 밀어넣었어
작년이었어
생활을 견딜 수 없어서
날갯짓이 시끄러웠어

천사를 밀었어

늘어나는 치즈가
지겨웠어
배달 라이더가
빤히 쳐다보며
재촉하고

오븐은 굴러간다
어떻게든
손끝에 매달린

지문이 닳고
크러스트가 갈색빛을 띠고

먹음직스러운
나의 천사가
페퍼로니를 입에 물고
착하게 살라고
딱하게 웃고

사는 게 꼭 피자 오븐 레일처럼
컨베이어 벨트
갈릭마요디핑
끈적끈적

올리브는 원래
초록색이야
검게 물든 올리브가
눈을 치켜뜨고
나는 먹히지 않을 것이다
먹혀도
다시 돌아올 것이다

콜라 좋아해?

─ 피클도 먹어?

콜라를 흔들어서 보낸 적 있어?
언제든
터지라고

마치
전화처럼
쿠폰처럼
되돌아오는

피자를 좋아해?

피자를 시켰다 박스를 열면 천사가 나오며
그동안 잘 지냈니
아직도 올리브와 치즈를 추가해서 먹니
너무 많은 눈동자

결국 살고 있니

착하게 웃지 마
네가 자꾸 그러면

─

내일은 전자레인지에 넣을 수 없어

수건이 쌓여 무덤을 만들었어

수건을 건조기에 돌리면 뽀송해지는 거 알아? 수건과 섬유유연제는 상극인 거 알아?
흰 수건을 던지면 항복인 건?

나는 알게 된 지 얼마 안 됐어
살다보면 싸울지 말지를,
말할지 말지를 고민하는 일이 잦고

종종 한주먹 거리도 안 되는 게
를 욕으로 썼어

싸우는 대신 베개를 때렸어
잠이 올까봐
꿈을 꿨어

세상의 모든 사람이 시를 쓰는 꿈이었어
세상의 모든 문장을 읽었어
누군가의 일생일대의 문장이 쏟아졌어
세탁기 속의 수건처럼
계속 돌고 돌아서

내 자리로 왔어

복싱장을 다닐 땐
슬픔은 항복을 지연하는 것
K.O.당하지 않는 것이라고 배웠다

이름 속 동그라미
나는 사람이 앉았던 자리가 다 동그랗다고 적었어

문장과 빨래와 주먹이
쌓이면

묘지가 된다고 생각했어

묘지에 누워서 잠이 들었다
내가 거기서 뭘 봤는지 궁금하지?

푸른 멍에 주먹을 대보면
여기서 동그랗고
말할 수 없는 것이 있었구나 싶지

맞아본 적 있는 베개가 시를 쓰고 있었어
너무 많은 꿈과 잠을 알아버렸어

미안해

베개 중에는
자기는 수건이 될 수도 있었다고
우는 애도 있었다

사방치기

사방치기에 유리한 사람은 누구일까

다리가 길거나
발이 작거나
균형을 잘 잡으면 좋지

나는 예쁜 돌멩이를 잘 주웠다
주머니 가득 채운 채 집으로 돌아오곤 했다

옥상에는 한 발로 콩콩 뛰는 귀신이 살았다 옆집엔 돌을 사탕처럼 빨아먹는 아줌마가 있었다 둘 다 내가 자는 동안 너무 시끄럽게 해

내가 만난 귀신들은 왜 죄다 맨발일까
한참을 자다 일어나면
온 세상이 우는 것처럼 비가 온다

모래밭에 열심히 이름을 적다보면 온갖 것들이 튀어나온다
동전과 라이터 어떤 날에는

버려진 콘돔도 있었고
그때의 나는 비닐하우스로부터 도망친
지붕의 일부일 것이라고 생각했다

엄마는 어제 비바람이 거세서 화분을 들여다놓았다고 했다

주머니가 무거워지면 집에 가야 한다
조용한 오후엔 낮잠을 잔다

서랍 속 여리고 심심한 돌멩이들이 코를 흘리고

꿈에서는 이긴 적이 없어
사방치기를 잘하던 친구들의 얼굴은 기억나지 않아

나는 연거푸 졌고 아줌마가 빨던 돌은 내가 주워온 돌
한 발로 뛰던 그애에게 벗어준 운동화

비닐하우스에서 도망친 것들이
반짝반짝 흩날리다가

왼쪽에서 오른쪽으로 일기를 적기 시작했다 이불은 세로로 깔고 잔다 대각선으로 길을 건널 때도 있으며

일어나보면 창밖은 꼭
얌체처럼 바싹 말라 있다

어떤 계절엔 어렵게 잠들고
쉽게 깨는 건지

그 이유를 아직도 모르지만

닌자는 스키장에서도 기척을 숨길 수 있을까

 스키복을 입고 걸으면 소리가 나 그 소리는 바람을 반으로 가르는 소리와 닮았고 기습이 직업인 사람이 입으면 애로 사항이겠지

 닌자의 안주머니엔 언제든 던질 수 있는 표창 몇 개가 있겠지 아이들은 눈을 뭉치고 때로는 닌자의 마음으로 서로에게 겨눠도 본다
 와하하 웃다가 빨갛게 달아오른 손을 겨드랑이에 끼고
 아 춥다 추워 반복하며

 나는 한 번도 밟지 않은 눈에 발자국 남기는 걸 좋아해 나갔다가 돌아오는 만큼 내 자리가 생긴 것 같아서

 닌자는 희고 넓은 설원에
 발자국을 남기지 않고도 움직일 수 있을까 쫓는 자도 언제든
 쫓기는 자가 될 수 있는데

 펄펄 눈이 오는 겨울에는
 닌자도 직업을 멈추게 될까

 겨울에는 다른 일을 하면 어떨까 가벼운 몸과 빠른 발은 리프트에서 떨어진 물건을 수거할 때

유용할 텐데

나도 리프트를 타고 올라가다가
아끼는 장갑을 떨어뜨린 적이 있어

눈이 많이 오던 날
닌자를 사랑하게 된 적이 있다 닌자가 사라진 방향을 쳐
다보고 싶었는데 어디에도 흔적이 없었고

흔들릴수록 단단해지는 것은
사랑에 빠진 것 같다고 자각했을 때
막 쌓이기 시작한 눈
뭉치면 점점 커지는 눈사람의 머리

닌자를 사랑하게 된 겨울엔
유독 눈이 자주 왔고

나는 피살보다는 장갑이 좋아

지금 내 손을 감싼
이 장갑이

어쩌면 대박 날지도 모르는

사람은 가끔 초월적인 존재에 기대고 싶어

로또 번호를 꿈에서 받아보는 것
한순간에 혈압이 정상으로 돌아오는 일 같은 것

　대나무 숲은 귀신이 살기 좋은 공간이라고 한다 구천을 떠도는 귀신을 찾아 한풀이하거나 남 괴롭히지 말고 경제활동 한번 해보지 않겠냐고 귀신 체험관을 만든다 차별화는 있어야 하니까 유령의 집과는 다르다 심령 유튜버도 오고 폐가 체험 카페 회원들도 오고 가끔은 간땡이가 붓고 호기심 많은 소년과 소녀들도 찾아온다 어떤 사람은 녹음실에서 귀신을 마주치면 그 음원은 대박 난다고 말한다 간은 콩알만 해도 잘되고 싶다는 마음 하나로 귀신을 만나러 오겠지 흥정도 하겠지 음악을 들려주고 대박 날까요? 귀신은 성공하는 길을 알려주거나 혹은 현실적인 조언을 해줄 수도 있겠다 우리 엄마는 선풍기 틀고 자도 안 죽는다는 내 말은 믿지 않아도 게르마늄 팔찌는 꼭 차고 다니니까 그런 엄마를 가진 딸들이 귀신에게 어떤 말을 해달라고 부탁할 수도 있겠다 수익금의 일부는 성불과 구마 비용으로 쓰이고 귀신 중에는 살아 있을 적에 먹지 못하거나 가보지 못한 곳들에 가 마음껏 누리고 싶은 애들도 있겠지

　대나무를 가득 심은 뒤에

솜씨 좋은 무당을 찾아 나서야 하나

아무래도 돈을 많이 벌기는 그른 것 같지만
그럼에도 생활은 지속돼야만 하고

산행

모르는 열매를 함부로 먹었다가
눈이 멀었다는 이야기를 들었다

전설 속의 삼이나, 독버섯
나무 수액 익히 들었으면서도 한 번도 본 적은 없는

그런 이야기들이 세상에 산처럼 쌓인 건지
혹은 무럭무럭 자라서 산이 된 건지

아빠는 주말마다 산을 탄다
나는 등산을 간다는 말보다 산을 탄다는 말이 더 좋다
꼭 어린 날 어깨에 올라
목말을 타는 것처럼 들리기도 한다
아빠는 도토리묵과 보온병을 챙겨들고
새벽에 나갔다가
주말이 끝나기 전에 돌아왔다

버섯과 나물을 한 움큼 들고
몸에 좋은 거니까 됐다가 국 끓여먹고 무쳐 먹자고
돈 주고도 못 사는
산에서 온 것들

낯선 것을 만나도

아무렇지 않게
입으로 가져가는 용기를
너무 어린 날 이후로 마주한 적이 없는데

아빠 나는 요새 암막 커튼을 치지 않으면 잠을 못 자

나는 버섯이 든 국을 먹었고
뿌리 달인 물을 마셨다
입에 맞지 않아도 군말 없이

온 힘을 다해 아무렇지 않은 척했다

작은 빛이 나를 오래도록 깨어 있게 했다
오진에 들온 누군가의 퉁명스러운 말
의자 끄는 소리가 들리는 윗집
베란다에서 나를 지켜보는 화분들

*

아빠를 따라 산을 타러 간 적이 있다 약수터까지만 가자는 그의 뒤통수를 따라갔다

헐떠이며 그 산에서

― 아무도 기른 적 없지만 무성하게 자라나는 것을 보았다

뿌리를 내려 날아가지 않는 풀들
처음 보는 열매는 저기 대롱대롱 달려서

나는 그 끝에서 낯설었던가
집에 가고 싶었던가

거기서 노래를 들었던 것 같기도 해
어릴 적 불렀던 노래
메아리처럼 부딪히고 맴돌다가

돌아온 노래
그쪽으로 가면 낭떠러지가 있어

우리가 살았던 곳이 한눈에 보이는 풍경도 있지

무성하고 낯설고 거친
괴롭다가도
어떤 추억처럼 아름다운
말도 안 되는 것들

산에서 내려왔더니
―

너무 많은 이야기가 주머니 속에 들어 있었다

존재의 성립

그 영화가 개봉한 뒤로
동네의 아이들은
줄넘기를 쌍절곤처럼 휘둘렀다

네 살 많은 언니를 찾아가
우리를 제자로 받아달라고 빌었다

바람의 기운이 낯설구나
무슨 일이 일어날 징조야

사부의 말에 우리는 수련을 시작했다

체육관 창고에서 옷이 벗겨진 어른들이 나왔다면서? 누군가는 매질하는 소리를 들었대 다 아니야 사실 귀신이 산대

중학교에 가서도
서로를 혼자 두지 않기로 했지만
뿔뿔이 흩어진 우리가

도서관에 있는 책을 모조리 읽고
처음으로 번 돈으로 술을 사고
깨진 사랑을
테이프로 칭칭 감는 동안

사부는 시집을 갔다

모두 하산해라

가르칠 게 없다는 말은
이제 내 장면은 내가 책임지라는 거겠지

창고에 살던 무언가는
학교가 폐교된 뒤로 봉인되어 있다

오래전
줄을 넘던 그 운동장에서
우리는 모래구름을 만들며 정의를 약속했다

정의는 다음 사람에게
창고를 조심하라고 일러주는 거야

이보다 중요한 일이 있을까?

우리는 기를 모았다

세계의 작은 움직임을 포착하기 위해

장르가 다른 핑크

나는 파랗고 검은 옷을 입고
영화를 본다

바다에서 섬으로 집에서 땅으로 허공으로 공중으로 멀리
소년 소녀가 있고 만질 수 없는 소원을
손으로 만지려고 애쓰는 이야기

주인공은 꼭 세계를 구해야 하는 걸까

옛날에 있었던
슬픈 일이 자꾸 떠올라서 비눗방울을 불었다

멀리 가고 싶었다

라이터를 딸깍이며
구하고 싶은 것이 있어서
비밀을 감추고
태우고
덧붙이는

불면 불수록 커지는
할 줄 몰라서 안 하는 것이 아닌 어른이 되어

영화 스크린

암전
춤추는 자막이

이 나라에서는 바보가 바보를 위로하고
어른은 잘한다 잘한다 하면 어린이가
자라는 줄만 알고

믿고 싶은 것만 믿으면
나도 유치한 것은
유치하다고 생각하지만

완성하고 나면

나의
어설픈 핑크가

3부
우리는 기울어진 시소에서 내려올 수 없겠다

오랜 미래

현재와 나는 오 년째 같이 살고 있다
평생을 약속한
믿음 하나로

현재는 학원에서 수학을 가르치고
나는 통조림 공장에 간다
컨베이어 벨트 앞에서
뚜껑을 잠그다 돌아온다

현재는 오늘 있었던 이야기를 해준다
학생 중에 심상치 않은 아이가 있어
하나를 가르치면
열을 깨우쳐

나는 열을 맞춰 서 있는 통조림을 떠올린다

세상에는
기계가 통조림을 뱉어내는 것보다
무서운 속도로
자라는 것이 많구나
현재의 이마를 짚고
미열이 좀 있는 거 같아

뚜껑을 잘 잠그기 위해
특화된 나의 손으로

쓰레기를 버리러 나간다

이제는 미래에 대해 이야기할 때

술에 취한 미래가
담벼락에 오줌을 누는 것을 본다

공장에서는
한 사람 이상의 몫을 해내야 버틸 수 있다

미래는 우리집에
꽁초를 버리는 언니의 이름

나는 미래의 벗은 몸을 생각하다가

공장의 컨베이어 벨트 안으로
손을 넣을 뻔한 적이 있다

사랑의 시대

카페를 개설한 건 우리가 여덟 살 때일걸
비밀 아지트야

우리는 각각
앨리, 초코머핀, smj0724, 달빛별

가수들은 사랑에 대해 노래했다

세계는 마치
사랑을 위한 거대한 무대

개구리와 키스하는 공주
무너지는 상황으로부터 살아남는 주인공

가슴에 누군가 불을 켜둔 것처럼
밤에는 그 빛이
이불 밖으로 새어나갈까

웅크린 채 노래를 들었다

초코머핀과 같은 태권도장을 다니는 오빠
우리에게 떡볶이를 사줬다

초코머핀의 사랑은 어묵 국물에 혀를 데는 것?
그해 겨울 초코머핀은
이사를 갔지만

중학생이 되었을 때
앨리는 체육대회 날
학교 선배로부터 공개 고백을 받았다

그 선배 소문이 별로야
자주 싸우고 여자도 때린대

밤사이 정말 많은 댓글이 오갔다
　　ㄴ(댓글)달빛별: 빌려준 체육복을 못 돌려받는 것도 사랑이라 칠 수 있나?
　　　ㄴ(대댓글)초코머핀: 라이터를 발견해도 모르는 척해주는 것도?

시간이 흐르고
넷은 이제
보고 싶어도
어쩔 수 없이
아지트엔 해킹당한 누군가 글을 올렸다

― 몰랐던 금이 정말 많았고
세계는 마치 거대한 금고

                    *

당신은 곧 방에 들어와 나를 깨울 것이다

일어나
밥 먹어야지

사랑은 이어진다
카페 밖에서
저 거리에서 손을 잡고
걸어가는 친구, 연인, 부부

나는 먼 옛날
모두를 다시 생각할 정도로
좋아했는지도 모른다

―

자유로운 영혼과 리듬

합창단에선 트라이앵글을 연주했다
손으로 잡으면 떨림이 멈추는
차가운 금속

어떤 기억이 나를 온전히 죽게 하지 못하고 떠돌게 만들었을까

트라이앵글
떨리며 우는 악기

눈앞에는 호수가 펼쳐져 있다
호수의 바닥에
주인 없는 몇백 구의 몸이 누워 있다고

짙은 녹색의 호수는
각도에 따라 검은 사막처럼도 보인다

나는 죽었고
돌아가고 싶으면
호수를 뒤져서 내 몸을 찾아야 한다

천천히 물속으로 들어간다

― 이것이 공포라는 것
혹은 따뜻했던 피일지도 모른다는 것

온 이빨들이
추운 소리를 내면서

호수 밑에선
거대한 울림이 있는 거 같은데
물이 흔들리는 것인지

나의 새카만 마음과
내가 쥐고 있던
맑은 소리를 내는 악기가

떨고 있는 것인지

이 컴컴한 물 밑에는
미래의 몸뚱이들이 누워서

먼 과거에 누가
트라이앵글로도 따라 할 수 없는 소리를
내도록 만들었을까

―

내가 연주한 노래가 사실은 비명이었을까

피아노

주말이었지
나는 피아노를 치고 있었고

팬티 바람으로 쫓겨난 아이가 우리집을 두드린다

쉬는 날에는 아프게 들리는 음이
시끄러웠니

옆집에서는 도시로 가기 위해 자주 싸웠다 계단을 밟고 올라가면 온 건물에 멍이 들 것만 같고 아래층 부부가 오랜 기간 아이를 낳지 못하는 건

창문이 얇아질 때까지
악을 썼기 때문이지

짖지 마,
라고 말하면 짖고 싶은 것이 떠돌이 개의 마음

너 때문에 내 목숨이 다 늘어났잖아?
이 빌라에서는 남 탓을 하는 것이 규칙이야

그렇게 아름다운 선율을
집안에 가두는 것은 이기적인 거야

소리가 나지 않는 건반은 이제 여기 살지 않지

불협화음

   도 다음에 레
   미미는 피아노 위를 뛰어가고 있어

   내 친구 플라밍고를 보여줄게 도 레 미 파 플라밍고는 음정이 불안하게 운다
   미미는 절대음감 플라밍고의 기분을 알아차렸지 저 분홍새는 한쪽 다리로만 온 슬픔을 지탱하려 해

   손가락이 길어서 좋겠다 괜찮아 손가락 짧아도 시는 쓸 수 있어 미미야 넌 뭐 해먹고 살 거야? 이제 도에서 다른 도로 점프해봐

   도에서 시로 시에서 도로
   우리가 택할 수 있는 것들은

   시가 되지 못하고 운다

   플라밍고의 깃털을 뽑아 팔기 위해
   나는 시의 중간에서 머물다가

   자정엔 피아노 뚜껑을 열고 들어가 잠을 청했다
   그사이 플라밍고는 왼쪽에서 오른쪽으로 다리를 바꾸고

라 다음엔 시다

이것도 시고 저것도 시야 미미는 자꾸 시를 가리켰고 나는 아무것도 적고 싶지 않았다

파 솔 라 시
부리로 건반을 찍어 내렸는데

짧은 비명
스타카토 음정

한쪽 다리로만
온몸을 지탱하던

우리
플라밍고 한 쌍

영화부

불은 꺼져 있다

복도에 서 있는 죽은 애와
눈이 마주쳤다

동아리 아이들과
방과후의 교실에 앉아
연인이 나오는 영화를 보고 있었다

우리는 장면에서 무엇을 포착했는지 이야기할 것이고

영화가 끝나면
너희들도 봤냐고 애들에게 묻겠지

애들은 본 거 같다고 말하거나
미래는 원래 보이지 않는 거라고 말한다

사랑의 무게가 그런 것이라면
우리는 기울어진 시소에서 내려올 수 없겠다

 죽은 애는 우리의 이야기를 끝까지 듣고 있겠지
 죽어서도 누구에게도 이 교실에서 누가 누굴 좋아하는지 말하지 않겠다고 약속도 하겠지

다 같이 다닥다닥 붙어서
죽은 애의 발이 땅에 닿기만을 기다리고

이 장면은 영화 속 사랑의 장면과 비슷한 거 같아

그때 선생님은 너희 아직 집에 안 갔니
문을 열고 들어올 것이다

뒤에서는 누가 춤을 추는 거 같아
우리는 뭐가 그렇게 즐겁냐고 묻고 싶었지만

집으로 돌아와서는 하나도 기억하지 못했다

— **신년**

— 서로를 뜯어 만두를 빚던 아이들 새로 태어나겠다고 다짐한 뒤 영혼을 접어서 구름을 만들었다

하늘에서 무엇을 보았지요?

새털 같은 천사 선생님이 몽둥이로 아이들을 팡팡 때렸다 컴컴한 방에서 백까지 세고 나오라고 했다 숫자를 다 세고 나면 뭘 잘못했는지 알아야 한다고

우리는 또 뭘 잘못했지요?

꼬물꼬물 울다가
두 눈이 다 지워져버린다고

뜨거운 국물을
숟가락으로 휘휘 저으며
뜬눈으로 설을 쇠면서

무엇이 우리를 여기까지 끌고 왔을까

빚은 도래되었고 이것으로는
아무것도 살 수 없다고

—

손안에 가득한 영혼과 구름을 여기저기 내밀었는데도
만둣국 속 만두가 다 터진 채

손을 잡으면 날아가지 않았다

크리스마스

내가 지은 캐럴
첫 소절만 부르다 끝나버렸어

사탕과 촛농을 녹여
심장을 만드는 사람의 이야기를 들어본 적이 있니

달콤한 것은 사람을 망치기 마련이니
많이 먹다간 이빨이 다 빠져버릴지도 몰라

창문을 닫아도
문을 통과하는 어둠을 막을 순 없어

밤은 타버릴수록 추워지는데
우리의 입속은 여전히 하나의 맛밖에 감지하지 못해서

상실의 맛이 이토록 달콤하다면

우리는 아직도 단발머리야
너는 식탁 위에 올라 탭댄스를 춘다

구원을 약속한 천사는 쥐덫에 걸려 오지 않고

스노볼

사랑에 빠졌지

그다음에는 물에 빠졌고

우리는 금간 얼음 위에 서 있는 연인
물이 깊을지 추울지 아무도 모르지

우리는 날아올라
한 쌍의 오리가 되고 싶어

우리라고 말했고 너는 오리라고 들었다 소리가 울리는 이 곳이다 네가 묻는다 욕실에 누워 있던 기억이 나? 침대가 없어서 욕조에 누웠잖아 서로의 몸을 문질러 광을 내면서 동파되지 않는 수도관을 갖고 싶다고 했지

눈부셔
눈 속으로 들어왔던 거품이
사실은 빛인 거 같아

스노볼 속 테마파크를 들여다본 적이 있다 흔들면 놀이기구를 탄 사람들이 비명을 지르는 것 같아

우리는 가본 곳은 많지 않지만

― 본 것은 많아서 뭐든 흉내냈다
이렇게
동물원에서 본
맹금류 연인처럼

우리는 누가 더 숨을 오래 참는지
내기했다
발을 구르며
스노볼을 흔들면

물과 눈에 잠긴 관람차가 천천히 돌아갔다

광이 나는 팔꿈치로는
서로를 찌르며

내가 너를 사랑해서 네 말을 들어주는 거야 우리는 얼어버린 강 앞에서 물의 깊이를 가늠했다

얼음으로 가난한 사랑을 조각해봐
지난날 우리가 올라탔던 관람차를 만들어봐
아니지
나만 조각해

―

우리와 닮은 게 뭐가 있을까

물구덩이를 들여다보았다 춥다 어제는 살얼음이 껴 있었는데 오늘은 잔뜩 얼었다 겨울에는 함부로 입을 벌리고 침을 섞지 말자 혀가 얼어버릴 수 있으니

사랑한다고 말하면 사람들이 웃었다
그러면 안 되는 것처럼

세한빌라

너는 밀가루 한 포대를 들고 집에 왔다

간밤에 투명 인간에 대해 이야기했다
보이지 않는 사람이
집에 들어와서
귀중품을 훔치거나
샤워하는 벗은 몸을 지켜볼지도 모른다는 이야기였다

우리가 잘하는 것은 조심하는 거야
화재가 발생하지 않도록 가스 밸브를 잠그거나
택배 박스를 버릴 때
서로의 이름을 떼어내는 게
너와 내가 가진 능력이었다

너는 현관 앞에 밀가루를 쏟으며
이제 이 집은 안전하다고 말한다

나는 베란다에서 담배를 피우는
아래층 사람이 싫고
옆집에 사는 할아버지와 마주치는 것이 싫어

창문을 열면
들어오는 바람에

너는 기침을 멈추지 않고

어느 날 내 몸이 투명해진다면
당장 출근할지 말지부터 결정해야 해

더 넓은 집에선
너의 천식도
나의 불면도

다 나아질 거라는 믿음으로

마루에 찍힌 발자국에
서로의 발을
대본 적이 있었다

전당포

미경이 전당포에 갔다
전당포 주인은 건네받은 것을 저울에 올려 값을 매긴다 미경은 손에 든 것을 내어주고 한 달 정도의 생활비를 얻었다

연락할 수 없는 애인에 대해
미경은 늘 생각했고 생활은 계속 쪼들렸다

공과금을 내고 쌀을 샀다

미경은 이제
밥을 꼭꼭 씹었다

영호는 신용불량자
더는 도망가고 싶지 않아요

영호가 가진 것들은 대부분 떠났고
떠나지 않은 것은
그가 도망갈 수밖에 없도록 만들었다

영호는 쫓기게 만든 것을 전당포에 맡겼다
영호는 저울의 눈금이 미심쩍다
이 무게가 아닌 것 같은데

전당포 주인은 그 이후 영호를 본 적이 없지만

수많은 미경과 영호와
승희 혹은 민석
누군지 기억나지 않아도
전당포에
맡겨둔 것을

찾아가지 않아서

전당포 주인은 건물을 세웠다

건물 밖으로 나온 사람들이 또 전당포에 찾아와
두고 가는 것이 있어서

전당포 주인은 무서울 것이 없었다
맡겨진 것은 언제까지나 여기 있을까 그는 생각했다
맡긴 것인지
두고 간 것인지

태준은 조만간 전당포에
말을 두고 올 것 같다

― 이것은 미경과 영호와 승희 혹은 민석 그리고 태준이

전부 까먹기 전에
쓰는 영수증 같은 것

누가 맡아줄지
저울을 어떻게 저울에 올릴지는
생각해봐야겠지만

요즘 전당포 주인은
전당포를 맡기고 싶어

산책로

개천 근처로 산책을 나온 사람은 슬프거나, 슬픔을 잊으러 오거나, 개를 끌고 나온 사람

신축 도시에서만 볼 수 있는 가로등 불빛
아무리 봐도 익숙해지지 않지

슬픔의 반대말이
해피라고 우기는 애가
자기 몸만큼이나 커다란 개를 데리고 올 때

우르르 지나가는 선 캡 무리

나는 오래도록 벤치에 앉아 있고 싶지만
개와 개가 인사한다

철봉에 매달린 얼굴은 아직도 반대말을 찾고 있다

러브 앤 에너지

나사는 우주에서의 섹스를 금지했다
체액이 허공에 떠다니는 건 기계 고장을 일으키기 좋다

지구에서만 눈이 맞도록 해라

별도 달도 따줄 것처럼 말하는 사람을 항상 경계해라
나의 오랜 언니가 해준 말이다

시를 배우기 시작한 AI가
스파게티 웨스턴 영화를 추천했다
AI와 말하면
문학은 꼭 부질없게 느껴진다

우주에선 성장판이 닫혀도 키가 자란대

이 사실을 알았을 때 나는 반에서
중간 정도의 키를 가지고 있었다

어떤 중학생은 어른이 되기 전에 사랑을 알았고
오랜 단짝은 현실적으로
사랑과 돈을 저울질해도 된다고 했으며

당시의 나는 사랑에 빠지면

머리를 하나로 묶고 다녔지

                    *

미술관에는 벗은 여자들의
속마음을
시대와 옷차림을
해석한 글이 있다

수행평가에서 좋은 점수를 받고 싶었어 잘 모르는 것에 대해 아는 척했다 선생님은 나의 미술관 감상 글을 읽고
 책을 한 권 주셨다

주말마다 산에 가는 아버지는 애인이 생기면 산에 가보라고 했다
 높이 올라가면 더 멀리 볼 수 있으니까?

성인이 된 뒤 만난 애인과
산 대신 바다를 보러 갔다
바다만 보면 물속으로 뛰어들고 싶었다

신발이 젖었어
파도가 내 예상보다 일찍 왔어

몇 달 뒤 우리는 더이상 만나지 않았다
신발을 다 말리지 못해서 멀어졌어

*

알고리즘은 과거를 기반으로
미래를 예측한다는 점에서 한계라고 읽었다

과거는 무엇에 가까울까
부표와 위성 중
나의 한계는 무엇일까

화성에 가겠다고 말한 CEO의 말에
주가는 한창 휘청거렸고
믿을 것이 필요하다는 말에 선배는 문학이 자신의 종교라고 했지만
그의 언어는 미술관에 전시된 여자들을 떠올리게 한다

조각상의 팔꿈치 실금이 점점 넓게 뻗어나가서

그렇게 팔뚝이 흉통이
우수수 무너져

가루로 남는 것 같지

스파게티 웨스턴 영화를 드디어 봤어
AI의 그럴싸한 답변이 오래도록 기억난다

온몸이 부서져 가루가 된 여자들은

물수제비 뻐근한 팔꿈치
멈춘 성장판

행성의 조건 중 하나는
충분한 중력을 갖춘 것

이런 이야기는
무엇을 끌어오는 힘이 있나요?

합평 시간에 고개를 들었을 때
사람들은 졸린 눈을 하고 있었다

사랑은 이제 지루해
익숙하고
낡았어

— 그때 미술 선생님이 주신 책은 아직도 보고 있지만

사랑이 누리고 간 자리

'사랑'이 포함된 제목의 시집을 찾아다녔다
그러면 애인을 이해할 수도 있을 거라고

만약에 전시회를 열게 된다면 뭘 전시할 거야?

나는 내가 뱉은 가장 악한 말들을 전시하고 싶어

길은 어지럽게
전시된 것들로 가득하고

애인의 표정은
뭔가를 오래도록 생각하는 듯
골똘히

주말에는 도서관에 가보려고

네 시는 솔직하게 말해서 잘 모르겠어

가로등은 한 번도
푸른빛을 낸 적이 없다

4부

칼을 숨긴 사람들은 왜 울면서 웃고 있었는지

나의 마을이 설원이 되는 동안

금값이 올랐다
언니는 손금을 팔러 갔다

엄마랑 아빠는 이제부터 따로 살 거란다

내가 어릴 때, 동화를 쓴 적이 있다 내가 언니의 숙제장을 찢으면서 시작되는 이야기다 언니도 화가 나서 엄마의 가계부를 찢었고 엄마는 아빠의 신문을 찢고 아빠는 달력을 찢다가, 온 세상에 찢어진 종이가 눈처럼 펄펄 내리며 끝난다

손금이 사라진 사람들이 어디로 갔는지 아무도 말해주지 않았다 집에 남고 싶은 사람은 정말로 나 하나뿐일까? 언니의 이야기는 여기까지다

더는 찢을 것이 없었다 눈이 쌓이고 금값이 오르고 검은 외투를 꽁꽁 여민 사람들이 거리를

엄마는 결국 애인을 따라갔지 아빠는 한 달에 한 번 서울에 오겠다고 했다

따로따로 떨어지는 눈과
따로 노는 낡고 지친 눈빛을

여기선 문을 잠그지 않아도 괜찮아

집이 사라지고 방향이 생겼다

우는 돌

― 침대 밑에 둔 일기장 누가 다 펼쳐본 거지?

마을의 개들이 집을 지킨다
별이 나의 눈 속으로 떨어진 뒤로
알고 싶지 않던 것들이
보이기 시작했다

풍덩풍덩 개울을 걸었지 바지가 다 젖을 때까지 발목이 사라질 때까지
이렇게 걷다가
집을 잃게 될까봐 두려웠다

나는 주워 담는 걸 잘했다 길에 떨어진 과자를 주워먹다가 짝꿍과 눈이 마주쳤다 짝꿍과 싸우고 난 뒤에는 한 움큼의 머리카락을 주웠다

짝꿍은 우리 아빠가 돌로 만들어진 걸 어떻게 알았을까?
남근석의 기원에 대해 묻지 마 그거 때문에
내가 못 태어날 뻔했으니까

아빠는 다 굳어가는 몸으로 말했다
다음달부터는 용돈을 주지 못할 것 같구나

주머니의 돌들이 부딪혀
동전 소리를 냈다

괜찮아요 아빠 이걸로 새아빠를 살 거니까요

모난 돌들이 꿈틀거리며
내 목소리를 따라 했다

나는 새끼 돌
물수제비뜨기 좋아서
여기저기 두들겨맞고 다녔지

퐁당퐁당 개울로 몸을 던졌다

구정

기억해
닭 잡는 소리
언젠가 따라 하게 될지도 몰라

오빠들은 말이 짧고 손이 더럽다
사촌들이 나를 옷장에 가두고 세배하러 갔다

어느 명절이었으니까
오빠들은 오만원씩
나는 단단한 은행알을 받았다 어른들이 웃는다 와하하 다 같이 둘러앉아 만두를 빚었다

속을 여며도 벌어진 틈으로 끊임없이 오물이 흘렀다

은행나무 밑에서 오줌 눠본 적 있어?
호미를 들고 기다리는
아저씨를 만난 적 있어?

찜솥에서 꺼낸 만두가 다 터졌다
너 예쁜 딸은 못 낳겠구나

어른들은 나를 천장에 매달아두고 술을 마신다
고스톱을 치고 연속극을 본다

나의 목숨이 달랑달랑

굴비처럼
웃는다

하나도 재미없는데

다 잠들어버리면
지갑에 손댈 거니까

전부 다 닭대가리
화투 패로 이마에 벼슬을 달아줘야지

기억해 지폐와 지폐가 스치는 소리

밤새

식탁에서는 거대한 매와 나와 당신이 식사하고 있다
우리는 간밤에 꾼 꿈을 털어놓는 시간을 가졌다

나는 흰쥐가 집안에 들끓는 꿈을 꾼 적이 있다
쥐를 빗자루로 쓸어냈다
닥치는 대로
새끼를 낳는 쥐들
발 디딜 틈이 없었다

눈을 감아도 몸에 소름이 돋는다는 걸 꿈에서 알았다
매는 목숨을 위협받는 꿈을 자주 꾼다고 했다
알 수 없는 것이
자신을 노리고 있다고

당신은 나와 함께 산 뒤로
꿈을 꾼 적이 없다고 한다

나는 끝까지 기억나지 않아

결국 이 집이 점령당했는지
이 상황을 끝내기 위해
식칼을 들고 나간 당신이

돌아왔는지

매는 꿈에서 꼭 날개가 말을 듣지 않는다고 했다 날 수 없어서 다리가 있다는 걸 알게 된다고 했다

나는 두 팔을 펼치고 날아본 적은 없지만

수면제가 더이상 듣지 않으면
꿈 대신 다른 것을 볼 수 있을 것이다

식사를 마치고 매를 현관까지 배웅해주었다
매는 날개를 쓰지 않고 걸어나갔다
뭔가를 본 것도 같지

문을 조용히 닫는다

쥐들이 들이닥치기 전에

당신이 깨어나
식칼의 무딘 면을 갈아내기 전에

빛이 좋아서 어둠을 반으로 그었다

   천사의 날개는 드라이클리닝만 가능하다는 이야기를 듣고 세탁소에서 흰 재킷을 훔쳤다

   이 옷을 입고
건물 밑으로 떨어져볼래?

   가엾은 얼굴로

   걘 이제 죽고 없어요
나를 데리러 온 천사에게 그렇게 말할 것이다

흰토끼 검은 똥

땅굴을 팠다
깡충깡충 길어지는 앞니를 견딜 수 없었다

어린 토끼들이 태어났다
두근거리는 심장을 파낼 수 없으니까
토끼들이 똥을
퐁 퐁 퐁
엄마 나는 태어날 때부터 귀가 이런 모양이었나요?

누가 너에게 실패를 알려준 거니

어제보다 더한 오늘이니까요

어린 토끼들이 땀에 젖은 서로의 털을
바리캉으로 밀어준다

벌어진 입속으로 서로를 던져 넣는 짓을 그만두고 싶을 때
악몽처럼

무엇이든
갉아먹지

그 시절 몰래 스도쿠를 풀다 혼났고

엄마는 여름에 아기를 두 번 낳았다
두 해 다 기록적인 폭염이었지만
엄마는 뼈가 시리던

둘째 동생은 문지방을 밟고 줄넘기를 했어요 나는 크고 검은 개를 베개처럼 베고 잤고 꿈속에서
꾼 또다른 꿈은
온통 여름이었습니다

검은 개가 흰 강아지 다섯 마리를 낳았어요

눈곱을 떼고 마른밥을 먹었다 어떤 부족은 아기가 태어나면 산모와 아기에게 돌아가면서 침을 뱉는대
침을 맞은 아기는 용맹한 전사로 자란대

먹다가 뱉어보면
마른 밥풀이 딱딱하게

그게 꼭 자식 같던
갓 태어난 흰 강아지처럼
꼼지락꼼지락

엄마 있잖아 학교에서 요즘 도시락 싸서 밥 먹는 애들이

있거든 나도 거기 끼고 싶거든 누군가 참기름과 고추장을
가져오면
    대야에 다 때려넣고 비벼 먹거든

    한입만 달라고 하면서
    매일 아무것도 안 가져오는 애는
    사실 다들 티를 안 낼 뿐이지
    조금은 미워하거든

    숟가락이 부딪칠 때마다
    각자의 침이 닿고

    용맹한 어른으로 자라고 싶거든
    밖에서 타타 어린 동생들이 줄을 넘는 소리가 들린다

    우리가 밥을 비벼 먹을 때
    유독 소시지와 계란만 골라 먹던 친구도 있었을 텐데

    침 닿은 반찬들은 쉽게 쉬어버리고

    올해에는 동네의 늙은 개가
    손자의 손자를 볼 수도 있겠지

― 리넨 카디건을 사 들고 들어가던 저녁
　엄마는 이 옷을 입고도 뼈가 시릴까

미세

햇빛 속에서 흩날리는 먼지를
가만히 바라보았다

노동절에는
담요를 뒤집어쓰고 조금 울었다

걸레로 소파 밑을 훔치면
바닥을 좀더 자세히 알 수 있었다

청소기는 일종의 오해였다

나는 너를 증오해
카펫을 뒤집으면
온갖 말들이 먼지로 보였다

흰 양말 바닥은 딱 한 번만 희고
검은 양말은 언제나 검었다

와이셔츠의 희지 않은 부분만 다렸다
담요를 털면
사라졌던 실핀이 후드득 떨어지고

정리해도 지워지지 않는 선이 있었다

스릴러

이건 살인자의 뇌야

너는 씹던 껌을 은박지에 싸서
쓰레기통에 던져 넣는다

그날은 범죄 스릴러물을 봤다 영화 속에서 미치광이는 소파 밑에 칼을 숨긴다

장면은 계속 이어지고
소파의 팔걸이를 쓰다듬으면
피가 묻어나올 거 같다

칼을 숨긴 소파는 어디까지 그를 데려갔는지
어떤 밤에는 그도
소파에서 잠을 청했는지

영화가 반전을 준비할수록
몸은 소파 속으로 가라앉고

너는 뭉친 은박지를 쓰레기통에 던져 넣는다
단물 빠진 살인자의 뇌를
턱이 비대해질 때까지
질겅질겅 씹었어

그렇다면 우리는 야만인인가?

밖이 어두워질 때까지
소파에서 일어나지 못한 채

밤에는 무엇이 날았는지

칼을 숨긴 사람들은
왜 울면서 웃고 있었는지

눈을 감고 자느라
알지 못했다

나는 호랑이띠라서

동생이 파리채로 맞고 있다

우리는 찍찍
혹은 돼지와 멍멍이처럼
울지 않지

밖에선 고양이들이 발정기를 맞아 엉엉 울었다 어디에서 나 사랑을 나누면 어떡해 젖꼭지보다 새끼가 더 많으면 어떡해

외할아버지 고아드릴 거라고
삼촌은 토끼의 옷을 벗긴다 우리는 담장 너머로
토끼가 발가벗겨지는 걸 구경했다

엉덩이가 가벼워야 사랑받는다고
나는 자꾸 서성거렸다

할머니는 가끔 아궁이에 곰국을 끓였다
곰국에는 정말로
곰이 살았고
총각김치는 삼촌이 제일 잘 먹지

나는 호랑이띠라서 성질 죽여야 했지

집을 나간 적은 없었다 여름이 지나 겨울이 올 때까지 첫눈이 우리의 이마에 내려앉을 때까지 심한 장난이 칼바람처럼 되돌아와도

밤마다 마을을 어슬렁거리며
매일매일
묻고 물릴 날을 기다렸지

밥집

　아버지는 된밥을 좋아하시고 어머니는 저녁밥 차리는 게 제일 귀찮다고 하셨다 나의 부모는 서로를 너무 사랑해서 늘 큰 소리로 말했다 그들이 먹을 복이 없어서 귀를 튀겨 먹었다고 생각했다 나는 동치미에 찬밥을 말아 먹곤 했다 할머니의 쌀알 같은 영혼을 자주 봤다 한 되 두 되 세 되 퍼올렸다 할머니는 죽어서도 우리집을 괴롭혔다 너희 고모가 땀 흘리며 키운 벼다 한 톨도 남기지 마라 보리밥은 꺼끌꺼끌해서 싫고 콩밥을 먹으려면 미워하는 녀석을 혼내줘야 하지 도정이 덜 된 쌀을 현미라고 부른다면 미현이는 자기 이름에 米 자를 쓸까 미현이 그 계집애 정도가 지나치니까 한 번쯤 저주해도 괜찮겠지? 인형 배를 가르면 쌀이 우수수 떨어졌다 점집에서 무당이 쌀에서 읽어낸 괘에 의하면 내가 올해 죽을 상이라고, 마음을 못되게 써서 조상 덕을 못 본다고, 집에 가면 반찬 투정하던 동생들이 도마 위에 올라가 있었고 아버지는 밤에 꼭 쌀밥에 계란프라이를 안주로 먹어야 직성이 풀린다 막걸리가 한 병 두 병 세 병 아버지가 트림하면 누룩 냄새가 난다 환기를 위해 열어둔 창문 밖으로 엄마가 사라지고 이제 내 밥은 내가 차려 먹어야지 너무 일찍 밥상을 엎는 걸 알아버렸지 나는 밥심으로 우는 여자 눈물처럼 얼굴에 밥풀이 머물렀다 간 자리 매일 차리고 치우는 밥상을

이 소저는 큰 힘이 여기서 나온다고 믿었다

 각 문파의 장로들에겐 꿈이 있었다 어지러운 세상을 구원하는 것 세상을 이끌어갈 문하생을 양성하는 것 장로들은 늙지 않는 것처럼 보였다 그들에게도 세상의 끝은 존재했고 그들은 수명을 깎아가며 괴로운 시대 속에서 이로운 세상을 고민했다

 나는 고지식이 지식이 높다는 뜻인 줄 알았다 고지식한 사람이 되고 싶어서 아주 많은 책을 읽었다 도서관 예산이 삭감되고 사서들이 먼길을 떠나는 동안에도 남겨진 책으로 탑을 쌓아 읽었다

 고지식하다는 말의 진짜 의미를 알게 된 것은
 누군가의 제자가 된 이후의 일이다

 나의 사부는 대지의 힘을 빌렸다 땅을 풍요롭게 만드는 것이 그의 힘이고 꿈이고 전부였다 나무의 가지가 더 멀리 뻗어나가고 새와 벌과 빛에 대해 연구했다 우리가 수련하던 땅은 그린벨트로 묶여 있었는데 언제부턴가 그곳에 골프장이 들어선다는 소식이 들려왔다 한 문파의 장로는 개발과 개척이 후손들에게 이로운 세상을 열어줄 거라고 했다

 언제부턴가 나는 장로들이 고지식하다고 생각했다 장로들은 나의 자질에 대해 의심했다 비슷한 이야기로 논쟁했고

하루하루가 쌓아둔 책탑에서 맨 밑에 있는 책을 빼내서 읽는 것처럼 흘러갔다 당장 탑이 무너져도 이상하지 않았다

그들이 말하는 이로운 세상은
각각의 문파가 무너지지 않는 것처럼 보이기도 했다

절벽에 오르거나 폭포 밑에서 마음을 다스리는 것 말고도 할 수 있는 건 많다고 생각했다

이렇게 어지러운 세상인데!
문파고 무공이고
다 무슨 소용인지

이제 선택해야 한다

*

모두에게 꿈이 있었다 소원도 있고 목표도 있었다 꿈과 소원과 목표는 같지만 달랐고 멀지만 가까웠다 책을 많이 읽던 이 소저는 문파에서 쫓겨났다 소저의 소원은 장로들의 바람과 얼마나 같고 얼마나 달랐는지

이 이야기는 이 글을 읽는 당신의 책탑 맨 아래에 있다

찾아보면 먼 옛날
초심과 마음과
세상과 시대에 대한
낡은 책이 있을 것이다

*

이 이후의 이야기는 당신이 읽고 나서
이로운 세상이란 무엇인지
결말을 작성해주기 바란다

먼 옛날 어딘가에서 힘을 모으던 소저의 후손이
당신일지도 모른다

해설

'구멍이 빼곡한 시'에 대한 한 개의 주석
김미정(문학평론가)

1. '테두리 없는 퍼즐 조각'들의 자문화기술지

몸이 자라고 정신이 성숙해지는 일, 혹은 아이가 어른의 세계로 진입하는 일을 흔히 성장이라 일컫는다. 이때의 성장은, 과거에서 미래를 향하는 직선의(linear) 시간 속 특정한 문턱에 해당하고, 어른의 세계에 도달하는 과정에서의 부대낌을 수반한다. 하지만 성장이란 단어는 본래 소년이 남자가 되는 문법을 구조화한 말이기도 했으니, 그 젠더 형식을 각별히 의식하여 '여성 성장'을 주제화하는 우리 시대의 감수성은 일종의 필연이다. 스스로가 자기 삶의 주인이 되는 주체화의 과정이 곧 성장이라고 할 때, 여성과 남성이 같은 문법을 가질 리 없다. 몸을 가로지르는 젠더, 섹슈얼리티의 구획을 지우고 성장을 말하는 것은 불가능하다.

이예진의 첫 시집『장르가 다른 핑크』는 그 자체로 특정 세대 여성으로서의 자기 맥락을 섬세하게 포착한 일종의 자문화기술지(autobiography)다. 여기 실린 시들은 폭넓은 의미에서 최근 한국 문화예술에서 약진해온 여성 성장물의 계보를 연상시킨다. 시집의 표제어인 '핑크'라는 색채가 암시하는 바도 그러하지만, 각각의 시마다 내밀한 규율·억압에 부대끼며 수시로 말이나 감정을 삼키는 화자가 등장하기 때문이다. 또래 집단에 속하지 못한 채 그 속에서 주위를 맴돌거나 물러서는 시 속 여자아이들의 모습을 단순히 개체적이고 기질적이라고 할 수 없는데, 그것은 이 세계의 어떤 역학이 반영된 흔적이기 때문이다.

예컨대 호랑이띠로 태어난 한 여자아이는 서로 친밀한 가부장 가족 안에서 묘하게 겉돈다(「나는 호랑이띠라서」「구정」「신년」「밥집」). 아마도 남자아이인 듯한 동생에게 양보하기를 미덕으로 체화했을 아이(「놀이터」)는 또래 집단의 놀이에서도 질서와 경쟁이 작동하는 기미(「사방치기」「부력」)를 예민하게 체감한다. 교실의 선생님은 자주 아이들을 혼내고(「신년」「그 시절 몰래 스도쿠를 풀다 혼났고」), "주입식 선과 악"(「낭만을 먹고 자란 돼지는」)의 문법을 잘 흡수하는 이들을 성실하고 착하다고 가스라이팅하며 이용하는 세계는 외설적이기까지 하다. 어린 시절 목격한 은밀한 성적 폭력의 현장들은 화자에게 "한 번도 지워지지 않"(「놀이터」)는 상흔을 남기지만, 그런 것이 무엇을 의미하는지 알아차리고 언어화할 수 있게 되는 것은 먼 훗날의 일이다.

그러니 "맞아본 적 있는 베개가 시를 쓰고 있"(「수건이 쌓여 무덤을 만들었어」)다는 대목도 단순한 비유로만 읽히지는 않는다. 이예진 시의 화자들은 표정을 잘 드러내지 않고 말과 감정을 삼키지만, 숨긴 그것들은 어떻게든 활자 밖으로 비어져 나온다. 그런데 의미심장한 점은, 어른이 된 이후에도 유년의 그것과 비슷한 구조의 경험이 이어진다는 것이다. 예컨대 어른이 된 화자 '나'는 이렇게 말한다. "우리가 잘하는 것은 조심하는 거야/ 화재가 발생하지 않도록 가스 밸브를 잠그거나/ 택배 박스를 버릴 때/ 서로의 이름을 떼어내는 게/ 너와 내가 가진 능력이었다"(「세한빌라」).

  함께 살고 있는 '나'와 '너', 그녀들은 어른이 된 지금도 어떤 억압의 기운을 감각하고 있다. 어린 시절 모호하게 경험한 불안은 어른이 되어도 사라지지 않는다. 택배 송장을 떼어내는 일처럼 그녀들이 "잘하는" 것은 "조심하는" 일이다. 오늘날의 시대적 정동 중 하나인 여성의 공포는 "능력"이라는 또다른 시대어를 통해 자부심처럼 표현되지만, 그 이면에 놓인 농도 짙은 풍자를 읽어내기란 어렵지 않다.

  또다른 시 속 어른이 된 화자 '나'들은, 빵집에서 또는 피자 가게에서 알바를 한다. 가게 밖에서 동료 시민일 손님들은 가혹하게 변하고, 그런 노동 현장에서 알바생인 '나'들은 취약하기만 하다. '나'의 실수에 손님은 웃는 얼굴로 괜찮다고 말한 후 뒤에서 컴플레인을 걸고(「그땐 프렌치블랙을 피웠다 같은 담배를 피우는 사람들을 프렌치블랙 난민들이라 불렀다」, 이하 「프렌치블랙」으로 약칭), 오븐 앞에서 쫓기며 반복되는 노동에 '나'의 지문은 지워진다(「피자 커터」). 그러하니 고단한 어른의 자리에서 "대박"(「어쩌면 대박 날지도 모르는」)을 꿈꾸는 모습이 결코 속물적이거나 비현실적으로 느껴지지 않는다.

  즉, 아이에서 어른이 된 화자를 둘러싼 세계의 내용은 달라졌다. 하지만 착함과 순응을 강요하는 세계의 구조는 한결같다. "칼을 숨긴 사람들"이 "울면서 웃고 있"(「스릴러」)던 이유도, 손님에게 "콜라를 흔들어서 보"(「피자 커터」)

내는 알바생의 마음도 이런 세계의 여일함 속에서 생각해 볼 일이다. 이 시집에서 감지되는 폭발 직전의 응축된 에너지와 긴박함("캔 콜라를 흔들어봐/ 언제든 폭탄을 던질 수 있다",「테러범」)은 억압-순응 구조를 이탈하는 시적 반응의 하나다.

그러므로 "나는 테두리가 없는 퍼즐 조각이야"(「지진 파티」)라는 화자의 말도 그저 소외된 존재의 자기 연민만을 의미하지 않는다. "테두리가 없는 퍼즐 조각"은 이 세계와의 어긋남을 이미지화한 것이다. 하지만 동시에, 특정한 방식으로 존재하기를 요구하는 세계에 포획되지 않겠다는 선언이기도 하다. 시집 속 여자아이들은 내내 일정한 모양의 퍼즐 조각이 되기를 요구하는 세계와 길항해왔다. 과연 특정 세대의 자문화기술지라는 말에 값하는 장면이 이 시집에 빼곡하다. 하지만 동시에 그것을 결코 '세대'라는 덩어리의 말로 쉽게 수렴할 수 없는 이유도 바로 이 길항의 방법과 함께 읽어야 한다. "테두리가 없는 퍼즐 조각"으로서의 자기 선언은, 무엇으로도 환원될 수 없는 특이성으로서의 존재나 사건을 긍정하는 표현의 일종이기 때문이다.

이쯤에서 시집 속 '언니'라는 각별한 호칭을 떠올리지 않을 수 없다. 이 세계의 부당함과 그 구조를 앞서 폭로한, 예컨대 스크럼을 짜고 목소리를 높여온 언니들이 분명 시 속 화자들의 언니들이었을 터이고, 최근 여성 성장물에서 빠질 수 없는 것이 바로 여성 사이의 우정, 연대의 힘이자 그 대명사로서의 언니이기 때문이다.

2. 언니라는 양가성 혹은 성장의 다른 문법

하지만 미리 적어두건대, 이 시집 속 언니는 다정하고 올곧고 삶의 지침이 되어주는 언니가 아니다. 자매애(sisterhood) 같은 말로 폭신하게 감각되는 그 언니가 아니라는 것이다. 영화 〈벌새〉(2019)의 영지 선생님과 같은 언니 역시 이 화자 세대의 언니는 아니다. 이예진 시 속 언니들은 화자처럼 서툴고 미숙하다. 그녀들은 "그늘도 없는 옥상에서/ 나를 지켜주겠다고 약속"(「방학」)하지만 실제로 그 약속을 지켰는지는 알 수 없다. 동네 아이들과 함께 "사부"라고 부르며 따르던 "네 살 많은 언니"는 아이들에게 "하산"(「존재의 성립」)을 명하고 사라진다. 이 시들 속 언니는, 술에 취해 엉망이 된 언니의 다른 이름이고(「오랜 미래」), 때로는 나에게 호의적이지 않고 의심까지 하는 기숙사 언니들이기도 하다(「프렌치블랙」).

즉, 이예진 시 속 언니들은 다정하고 무해한 언니로부터 아득히 떨어져 있다. '너는 곧 나'라는 감각으로 함께 분노하고 울고 웃고 사랑하는 언니도 아니다. 그녀들은 종종 무심하고, 때로는 적대적이다. 그간 고무된 파토스로 말해지곤 한 언니와 확연히 구분된다. 이 언니들은 '여성'이라는 이유로 균질화할 수 없는, 고유한 차이를 지닌 저마다의 모습을 형상화한 듯하다. 나아가 언니라는 단어에 새겨진 역할과 의미를 조금 가볍게 만드는 듯도 하다.

 그렇다고 이예진 시 속 언니들이 여성 성장과 무관하다거나 그것을 불가능하게 한다는 말은 아니다. 또한 이 언니들이 또다른 위계를 재생산하는 억압의 대리자라는 의미만도 아니다. 오히려 이 언니들은 '나'의 미래에 가까워 보인다. 이 언니들의 과거는 마치 '나'의 현재처럼 보인다. '언니'는 쓰였다 지워지고 다시 쓰이면서 그 의미는 내내 유보되지만, 그렇기에 아직 경험하지 않은 시간인 미래와 같이 어떤 잠재성의 장소다.

  현재와 나는 오 년째 같이 살고 있다
  평생을 약속한
  믿음 하나로

  현재는 학원에서 수학을 가르치고
  나는 통조림 공장에 간다
  컨베이어 벨트 앞에서
  뚜껑을 잠그다 돌아온다

  (……)

—　　쓰레기를 버리러 나간다

　　　　이제는 미래에 대해 이야기할 때

　　　　술에 취한 미래가
　　　　담벼락에 오줌을 누는 것을 본다

　　　　(……)

　　　　미래는 우리집에
　　　　꽁초를 버리는 언니의 이름

　　　　나는 미래의 벗은 몸을 생각하다가

　　　　공장의 컨베이어 벨트 안으로
　　　　손을 넣을 뻔한 적이 있다
　　　　　　　　　　　　　—「오랜 미래」부분

　이 시에서 '현재'와 '미래'는 중의적 명명으로서 어떤 존재들의 알레고리다. 선생님인 현재는 '나'에게 "하나를 가르치면/ 열을 깨우"치는 학생 이야기를 들려준다. 하지만 그 사이 '나'는 그저 통조림 공장에서 "열을 맞춰 서 있는 통조림을 떠올린다". 오 년째 함께 살고 있는 우리(나-현재)는 서로 다른 것을 생각하고 다른 것을 꿈꾼다. 보이지 않는 균열이 감지된다. 한편 '나'는 쓰레기를 버리러 나갔다가 "술에 취한 미래"를 마주친다. 미래는 꽁초를 제멋대로 버리는 언니의 이름이다. 미래와 현재는 극단적으로 다르다.

'나'는 스스로의 내밀한 욕망이 미래 쪽을 향해 있음을 숨기지 않는다. '좋은 옛것보다 나쁜 새것' 위에 건설하라는 B. 브레히트의 모더니티 테제가 연상되기도 한다. '나'는 현재와 동거중이지만 미래를 욕망하고 있고, '좋은 옛것'보다 '나쁜 오지 않은 것' 쪽에 마음이 끌리고 있다. 그 기대가 언니라는 호칭을 통해 언표화되고 있다는 사실은 다분히 상징적이다. 이것은 근래 가까스로 의미화된 '언니의 세계'를 부정하거나 이탈하는 것이라기보다, 그 계보에 한 줌의 믿음을 거는 것이기 때문이다. 이 미래 언니는 어쩌면, 서툴고 미숙했던 화자의 오래된 미래다. "담뱃재를 잘못 털어도" 담배를 "꼬박꼬박 피우던"(「프렌치블랙」) 스무 살의 '나'가 어쩌면 지금 저 미래 언니다. 과거의 서툰 '나'들은 늘 또다른 누군가의 언니가 된다. 미래는 이미 존재한 적 있던 시간의 잔재가 만드는 또다른 장소다. 그렇다면 시간이라는 게 반드시 과거에서 미래를 향해 흐르는 것만은 아닐 수도 있다. 진보와 목적의 시간으로 환원될 수 없는 세계의 원리 속에 이 시집 속 성장 혹은 자매들의 의미가 놓인다.

즉, 이 시집 속 여성 성장을 주제화할 때 핵심은 이 세계의 폭력이나 그 압도성 쪽에 있지 않다. 또한 이 시들은 언니를 호명하되, 익숙한 자매애의 문법을 비튼다. 오히려 그러한 인식적, 정동적 익숙함으로 회수될 수 없는 균열이, 이 시집을 '장르가 다른 핑크'로 우리에게 감각시킨다. 이때 여성 성장의 다른 문법은 "모두 하산해라"는 말을 남기고 사라지는 "사부" 언니가 아니라, 그것을 "내 장면은 내가 책임지라는"(「존재의 성립」) 메시지로 전환하여 이어받는 화자로부터 읽어야 할 것이다. 다음 시가 이러한 성장의 다른 문법을 간명하게 보여준다.

>물에 빠진 공을 주워오라고
>소년들은 나를 물속으로 던졌다
>
>바지를 걷으면 개구리가 튀어나온다
>
>그들 사이에 끼고 싶어서 나는 둥글어졌다
>튀어오르고 튕겨나가는
>
>언니 나 이제 개헤엄 안 하고도 물에 뜰 수 있어
>—「부력」 전문

공을 주워오라는 소년들의 요구가 묘하게 폭력적이다. 어린아이들의 장난이라는 이름하에 행해지는 집단적 강요-승인 메커니즘과 그로 인한 화자의 무력함이 엿보인다. 화자는 "둥글어"지기를 택한다. 그 과정에서 "튀어오르고 튕겨나가는" 일이 얼마나 반복되었을지 가늠조차 할 수 없다. 그럼에도 화자는 그 부대낌 속에서 간신히 물에 뜨는 법을 깨우치고야 만다. 난폭한 세계 속에서 무방비함과 무력함이 이예진의 시 속 성장의 한 정동인데, 화자는 이 세계와 내내 교섭한다. 기어이 "물에 뜰 수 있"는 방법(부력)을 깨우치며 화자가 호명하는 사람이 바로 "언니"다. 여기서의 언니는 얼핏 앞서 말한 또다른 위계와 억압의 대리자를 연상시킨다. 하지만 동시에 이 언니는 화자의 변화를 듣거나 볼 수 있는 위치를 점하고 있기도 하다. 즉, 이 시집의 여성 성장은 언니의 최종적 의미를 계속 지연시키며 잠재성의 장소로 바꾸는 과정 속에서 찾아야 할지도 모른다. 연대의 가능/불가능을 오가는 양가적 존재로 이미지화되어 있지만, 이 언니의 자리를 둘러싼 진동 자체가 어쩌면 이예진 시집 속 언니의 핵심이다. 이에 대해서는 단락을 바꾸어 좀더 이야기할 필요가 있겠다.

3. '구멍이 빼곡한 시': 시들의 무덤이자 진원지

이 시집 속 성장이 대개 '회고'를 통해 기술되고 있다는 점도 생각해볼 필요가 있다. 회고에는 늘 경험과 발화 사이의 시차가 전제된다. 회고에 있어서 발화는 늘 경험 뒤에 도착한다. 발화는 사후적이기에 빈틈, 공백, 균열을 내포한다. 빈틈, 공백, 균열은 무엇으로든 결코 메워질 수 없는 심연을 품고 있다. 그러하니 그것은 늘 다시 쓰일, 그리고 동시에 결코 전과 같을 수 없는 발화의 가능성을 의미하기도 한다. 자꾸 허물면서 갇히지 않으려 하는 화자들이 만들어내는 것도 바로 이런 장소다.

화자들은 "살던 집에 불을 붙이는"(「목제」) 마음을 상상하고, "나의 목소리로 이루어진 집"(「방학」)을 허물며, "새로운 방"(「프렌치블랙」)을 만든다. 이예진의 출사표인 등단작 「나의 마을이 설원이 되는 동안」이 "집이 사라지고 방향이 생겼다"는 문장으로 끝나는 것도 의미심장하다. 하지만 이런 의지가 낭만적이고 관념적인 도주 충동만을 의미하는 것은 아니다. 화자들은 정박을 거부한다기보다는 실은 지우고 다시 쓰기를 전략적으로 수행하는 중인지도 모른다. 어떤 화자는 이렇게 말하기도 한다. "그 시절의 나는/ 고집도 슬픔도 애정도 과했다/ 거기서만 올 수 있는 문장들이/ 이젠 너무 낯설게 보"(「프렌치블랙」)인다고.

즉, 이예진의 화자들은 시차를 의식한다. 앞서 말했듯 이 시차에는 늘 어긋남이 수반되고 필연적으로 균열과 빈틈과 공백이 생긴다. 과거의 나, 현재의 나, 그리고 미래의 나는 비슷하면서도 엄연히 다른 존재들이다. 그렇기에 회고는 세계를 다시 감각하고 다시 발화할 이유를 갖는다. 어린 시절

아이들과 함께 흉내내던 닌자를 떠올리며 "피살보다는 장갑이 좋아// 지금 내 손을 감싼/ 이 장갑이"(「닌자는 스키장에서도 기척을 숨길 수 있을까」)라고 하는 화자의 말에도, 비슷한 것이 있다. 과거의 "피살"과 현재의 "장갑" 사이에 방금 말한 시차가 놓여 있다. 과거 '피살'로 감각된 놀이가, 지금은 '나'의 손을 감싸는 '장갑'으로 발화되고 있다. 시간의 어긋남으로 인해, 한 시절의 무구한 유희는 온기가 필요한 순간의 장갑으로 변환할 수 있다. 그렇다면 발화란 늘 다시 말하기, 다시 쓰기인지도 모른다. 한번 감각된 것은 몸에 잔류한다. 그리고 어떤 계기를 통해 그것은 다시 촉발되거나 다른 것으로 말해지기도 한다. 한때 명료하게 감각되고 말해진 것조차 늘 균열과 진동을 품고 있다. 어쩌면 이 시집의 시들은, 그 균열과 진동에 대한 응답인지도 모른다. 잠시 다음 인용을 살펴보자.

새가 지나간 뒤 나는 구멍이 빼곡한 시를 다시 들여다본다

그 시절 썼던 시는 휴지통에 넣고
나는 새로 적는다

(……)

당시 멋모르고 쓴 부끄러움을
너의 빛나는 이야기와 애정을

우리의 과정은 다정이었다는 것을
　　　　　　　―「다정과 과정」 부분, 밑줄은 인용자

　지난 시간의 감각과 발화에 윤곽을 부여하며 그것을 또다른 장소로 만드는 과정이 엿보인다. 달리 말하면 이 시는 '무언가'가 아니라, '무언가가 지나간 흔적'을 다시 말하고자 한다. 지연된 의미와 그 흔적을 더듬는 섬세한 과정에서 '다정함'이 새롭게 감각, 의미화되고 있다. 앞서 자문화기술지의 일종이라고 부른 이예진의 시들은, 이런 의미에서 유예와 응시와 다시 쓰기를 방법론으로 체화한 듯하다. 어떤 장면과 감각을 재의미화한다는 것은 나의 양태가 이전과 분명 달라졌음을 의미한다. 그리고 이런 측면에서라면 성장은 목적론적 시간 위에 놓인 특정 단계가 아니라, 살아 있는 모든 것의 존재 원리 같은 것이 된다. 그것은, 성장이라는 말로 표현하지 않아도 상관없는 존재의 운동성에 가깝고, 반드시 이전보다 더 발전하거나 진보할 필요도 없다. 오래도록 (근대 이래) 특정 가치를 통해 개념화되어온 성장을 이 시집은 이렇게 다시 쓰고 있는 중이다.
　경험과 발화 사이의 빈틈과 그에 대한 응시가 이 시집의 방법론이자 세계관이라면, 이것은 어쩌면 시라는 장르, 문학이라는 양식에서 각별히 주목해야 할 진실인지 모른다. 무언가가 "지나간 뒤" 그 자리에 놓인 '빼곡한 구멍들'을 "다시 들여다"보는 시인의 마음과 행위에서 자꾸 미래의 시를 상상해보게 된다. 이런 생각은 "AI와 말하면/ 문학은 꼭 부질없게 느껴진다"(「러브 앤 에너지」)는 대목 때문만은 아니다. 오늘날의 언어가 데이터와 알고리즘으로 회로화된 세계를 닮아가고 있음은 체감의 영역이다. 우리의 사유, 정동, 신체 모두 일종의 회로 속에서 조율되기 쉬워졌다. 기술은 우리를 데이터 조각으로 분해하고 셈한다. 근대적 자아 개념 속에서의 '나'는 자율적이고 타인과의 경계가 명확한 존재로 간주되었다. 하지만 그것이 일종의 이념형임을 오늘날의 기술적 조건 속에서 새삼 실감하게 된다.

하지만 동시에 이런 상황은, 본래 '나'가 늘 타자와 연결되어 있는 관계적 존재였음을 환기시킨다 "구멍난 몸에 무슨 옷을 입어야 할지 모르겠"(「테러범」)다며 당혹스러워하는 화자를 통해서도 그것을 문득 생각하게 된다. 이 시 속 화자는 몸의 다공성(多孔性)을 이야기한다. 그런데 몸의 '구멍'들을 드나드는 것들("찬바람" "설탕" "오줌" "기포")에 대한 이야기는 "너무 많은 이야기가 주머니 속에 들어 있었다"(「산행」)는 또다른 화자의 고백과도 인접해 있다. 시 속 화자들의 무수한 구멍들이 늘 다른 이야기를 가능케 하는 것이라면, 이 화자들은 동일자의 결정체라기보다 흔들리는 통과점에 가깝다. 또한 이때의 자기(나)는 무엇으로도 환원

할 수 없는 개체(개인)라기보다, 타자와 연결된 신체가 순간순간 만들어내는 고유성(특이성)의 특정 상태에 가깝다.

반복건대, 오늘날 세계는 우리를 더욱더 어떤 패턴과 보편과 평균과 수치로 이해하기 쉽게 포획하려 한다. 하지만 우리의 신체는 여전히 불가해함 그 자체다. 경험과 발화 사이의 거리를 의식하고 그 균열, 빈틈, 공백을 좇는 시선, 준안정적(metastable)인 지대에 계속 자기를 두려는 감각. 이것이 저 '빼곡한 구멍'을 무한한 텍스트로 변환시키는 서정의 주체 아닐까. 나아가, 읽는 신체 역시 그러하지 않을까. 이 시집을 읽고 무언가를 쓰고 있는 나 스스로도 어떤 관계들로 구성된 연결 신체(assemblage)다. 이 몸은 역동적이다. 읽고 쓰는 몸뿐 아니라 모든 몸이 어떤 얽힘(entanglement)을 체현하고 있다. 이 세계를 명료하게 설명할 수 있다는 믿음은 어쩌면 만용이다. 세계의 얽힘은 종종 불가해하다. 하지만 이 시집은 이러한 불가해함을 신비의 영역으로 치환하지 않으면서 계속 그것을 이해하기 위해 또는 표현하기 위해 말을 찾아나선다. "슬픔의 반대말이/ 해피라고 우기는"(「산책로」) 경직된 세계에서, '똑똑'과 '뚝뚝' 같은 "의성어가 없으면"(「장마」) 결코 감정도, 세계도 표현할 수 없다고 역설하는 시들은 이런 과정 속에서 나타난다.

그렇다면 『장르가 다른 핑크』의 자문화기술지는, 진공상태 속 오롯한 이미지로 상상된 자기(self)가 아닌, 무수한 타자들의 흔적이자 동시에 거기에서 비롯된 특이성으로서의

'나'들의 기록이다. 또한 이 시들은 무한한 다시 쓰기를 가능케 하는 그 구멍들을 찾고 응시하는 일에 우리를 연루시킨다. 이것은 이예진 시의 '언니'라는 말의 양가성과 의미 지연을 통해 짐작할 수 있듯, 시 속의 구멍이기도 하지만 이 세계의 무수한 구멍이기도 하다. 동시에 이것은 창작자가 발견하는 쓰기의 영원한 진원지이자, 독자의 읽을 자유를 증거할 무수한 입구다. 이예진의 『장르가 다른 핑크』는 다시 쓰일 시들의 진원지이다. 그리고 이것은 한 시인의 첫 시집에 대한 말인 동시에 오늘날 우리 삶을 점점 더 회로화하는 세계 속에서 시라는 장르에 거는 믿음의 말이기도 하다.

이예진 2023년 한국일보 신춘문예를 통해 작품활동을 시작했다.

문학동네시인선 236
장르가 다른 핑크
ⓒ 이예진 2025

1판 1쇄 2025년 6월 18일
1판 2쇄 2025년 7월 31일

지은이 | 이예진
책임편집 | 정민교
편집 | 김내리
디자인 | 수류산방(樹流山房) 본문 디자인 | 최미영
저작권 | 박지영 형소진 주은수 오서영 조경은
마케팅 | 정민호 서지화 한민아 이민경 왕지경 정유진 정경주 김수인
  김혜원 김예진 나현후 이서진
브랜딩 | 함유지 박민재 이송이 박다솔 조다현 김하연 이준희
제작 | 강신은 김동욱 이순호
제작처 | 영신사

펴낸곳 | (주)문학동네
펴낸이 | 김소영
출판등록 | 1993년 10월 22일 제2003-000045호
주소 | 10881 경기도 파주시 회동길 210
전자우편 | editor@munhak.com
대표전화 | 031) 955-8888 팩스 | 031) 955-8855
문학동네카페 | http://cafe.naver.com/mhdn
인스타그램 | @munhakdongne 트위터 | @munhakdongne
북클럽문학동네 | http://bookclubmunhak.com

ISBN 979-11-416-0223-9 03810

* 이 책은 서울특별시, 서울문화재단 '2024년 창작집 발간지원 사업'의 지원을 받아 발간되었습니다.
* 이 책의 판권은 지은이와 문학동네에 있습니다. 이 책 내용의 전부 또는 일부를 재사용하려면 반드시 양측의 서면 동의를 받아야 합니다.

잘못된 책은 구입하신 서점에서 교환해드립니다.
기타 교환 문의: 031) 955-2661, 3580

www.munhak.com

문학동네